कोई नया समाचार

कोई नया समाचार

प्रेम रंजन अनिमेष

वाणी प्रकाशन ग्रुप

भारतीय ज्ञानपीठ

वाणी प्रकाशन : भारतीय ज्ञानपीठ की पुस्तकों के एकमात्र प्रकाशक एवं वितरक

लोकोदय ग्रन्थमाला : ग्रन्थांक 749

पेपरबैक पहला संस्करण : 2004
पेपरबैक दूसरा संस्करण : 2026

वाणी प्रकाशन : भारतीय ज्ञानपीठ की पुस्तकों के एकमात्र प्रकाशक एवं वितरक

वाणी प्रकाशन

4695, 21-ए, दरियागंज, नयी दिल्ली-110 002
दूरभाष : 011-23273167, 23275710
ईमेल : sales@vaniprakashan.in
www.vaniprakashan.com

ISBN : 978-93-7348-598-0

मूल्य : ₹ 125

कोई नया समाचार
(कविता-संग्रह)
प्रेम रंजन अनिमेष

KOI NAYA SAMACHAR
(Hindi Poems)
by Prem Ranjan Animesh

आवरण-चित्र : रंजन सरकार
आवरण : अशोक भौमिक
मुद्रक : आर. टेक ऑफ़सेट प्रिंटर्स, दिल्ली-110 032

शोभना स्नेहा आशु अप्रतिम अविस्मृता अपराजिता
सृष्टि सम्भावना शुभेन्दु शिवेन्दु अर्पित अस्मित
सात्विक सम्यक इषिता लोरी,
मनस्विता ओजस्विता मधुरिमा निमिषा किलकारी
सार्थक अपलक अभिनव उन्मेष अनुभव उत्कर्ष
और
गार्गी
और उनकी तरफ़ से
दुनिया के सारे बच्चों को

अनुक्रम

छवि

इस दुनिया की
जो छवि है मेरे भीतर
उसमें एक स्त्री के वक्ष की तरह
थामे हुए हैं इसे
नन्हे शिशु हाथ

भरोसा

दस्तक दो
तो सबसे छोटे को
दो आवाज़

भले ही वह शिशु हो
चलना नहीं जानता हो अभी

जो सबसे छोटा है उसी से
सबसे अधिक उम्मीद है
दरवाज़ों के
खुलने की...

कामना

जिस राह आऊँ
कोई न आया हो उस पर

जिस सीने से लगूँ
कोई न लगा हो

चूमें जो होंठ
किसी ने न चूमा हो उन्हें

पहली कामना
नये बच्चे की

अब यही तो नहीं हो सकता
उसकी ख़ातिर

हर एक को यहाँ आ कर
रचनी होती है अपने लिए दुनिया
नये सिरे से

सच

एक कोई आने वाला है जल्दी
खेलने वाला तुम्हारे साथ

—सफ़ेद झूठ!

अगर यह सफ़ेद झूठ
तो फिर
सच कैसा होता है भला?
पूछती वह

साँवला!
कहता एकटक निरखता

सिरजनहार

वही खेल खिलाओगे
तो रोएगा

वही लोरी गाओगे
तो रोएगा

वही कथा सुनाओगे
रोएगा

वही जगह घुमाओगे
वही चाँद दिखाओगे
और वह रोएगा

जब तक
नया नहीं रचोगे
रोता रहेगा बच्चा...

सलीक़ा

वही रटन...
चुप करो! चीख़ता हूँ
या रोओ भी तो
ढंग से

छोड़ो जाने दो
बच्चा है...
ले जाती बहला कर उसकी माँ

बच्चा है वह अभी नहीं जानता
आदमी की सबसे बड़ी कला
रोने का सलीक़ा!

किसके लिए

रो रहा है बच्चा

यही काम है उसका
खिलौने लेना
फिर तोड़ना
फिर रोना

टूटेगा
तो आएगा नया
बनाएगा
और बना रहेगा खिलौने वाला

इस दुनिया में
जहाँ कोई किसी के लिए नहीं रोता
रो रहा है बच्चा

खिलौने के लिए रोता
तो कब का खत्म हो चुका होता
उसका रोना

बच्चा रोता है
खिलौने वाले के लिए...

चार चाँद

रोते हुए तुम बिलकुल अच्छे नहीं लगते

प्यार से चूम कर आँचल से पोंछ कर
आँसुओं से चमकते उस सलोने मुखड़े को
लगा लेती सीने से

लौ–सी जली हो जैसे भीतर
दिपदिपा उठतीं अकथ सुख से आँखें

जहाँ तक मैं जानता हूँ
इसी समय सृष्टि की सुन्दरता में
लगते हैं चार चाँद!

सदृश

ईश्वर है बच्चा

उतने ही
बावले लगते हम
उसे रिझाने में

और कुछ भी करते
लगा रहता
खटका

वह कहीं से
देख तो नहीं रहा...

पाना

नहीं तो
माँ भी नहीं देती

रोने से मिलता है
कहा शिशु अधरों ने
लग कर सीने की लौ से

होने से मिलता है
दूसरी छाती ने
बताया होंठों को

पलकें मूँदे स्त्री ने
चेहरा उठाया आसमान की ओर
ढलकी एक बूँद

खोने से
मिलता है...!

साझ

यह कौन है! तुम्हारा दूसरा आदमी?
बच्चे में ही लगा देख उसे
कहता हूँ कट कर

नहीं तुम हो
मेरे पहले बच्चे
दुलारती वह मुझे
दूसरे हृदय से लगा कर

पहला नाम

बच्चे ने जाना
माँ
चूल्हे की आग का
दूसरा नाम है

बच्चे ने जाना
माँ त्याग का दूसरा नाम है

माँ का पहला नाम
ढूँढ़ रहा है बच्चा...

नेह युद्ध

सीने से लगाये उसे
उसके बालों में उलझाये आँखें और उँगलियाँ

यह माँ है
सींचती और सँजोती एक साथ
ओट दिये एक हाथ
दूसरे से लौ उकसाती

एक ही वक़्त
सहेजती भीतर बाहर

रचती और बचाती ...

उछाह

यह जुड़ना
अलगना
रूठना
फिर मान जाना

यही जीवन-दर्शन है
ठगा-सा
मैं देखता

माँ का
बच्चे को
उछाल-उछाल कर
खिलाना

और उसका
खिलखिलाना...

नाम

क्या करूँ
नींद में अकसर
निकल जाता
एक नाम...

परेशान होती लड़की

तुम कह दो
वह नाम मेरा है
जो तुमने सोच रखा है
मेरे लिए...

मुसकुराता सपने-सा
एक बच्चा

अगवानी

वह बुन रही है पोशाक
मैं बना रहा हूँ दुनिया

मेरे बच्चे
मैं कर रहा हूँ तुम्हारा इन्तज़ार

नन्हे दाँतों का सेट
बनवा रखा है
तुम्हारे लिए!

सतवाँसा

पहले मौसम की हवा लगेगी उसे
और कातर कर देगी पहली बौछार

जो दिखता नहीं दूसरों को
वह दृश्य विचलित कर देगा
और कोई अनसुनी चीख़
उचाट देगी नींद

सुकसुकाहा रहेगा
धूल धुआँ धूप शीत
बरदाश्त नहीं कर सकेगा तनिक
वह जो
आबोहवा की गड़बड़ी
समय की हदस
या माँ की दुर्बलता से
चला आया पहले ही

या इतनी उतावली थी
इस दुनिया को देखने
इसे बदलने की!

दूध का स्वाद

कैसा लगता है बताना
थपकाती उसे
सीने से लगाती

कुनमुनाता वह
होंठ सिकोड़

यह होगा पसीने का नमक
उतरेगा दूध अभी

फिर मना कर
कलेजे से लगाती
इस बार लग जाता

अब बोलो कैसा है
रखती उसकी ठोड़ी पर उँगली
मुसकुराता वह

फिर चूम कर उसके होठों को
जानती
अपने दूध का स्वाद!

बचाव

सो गये सब बच्चे
तो चाँद आ कर
कान में फुसफुसाया
मुझे क्यों बनाया
मामा

ताकि तुम न बनो
उनकी गुलेल का निशाना
मैंने समझाया

सम्बोधन

बच्चे के साथ-साथ
मैं भी बच्चा हो गया हूँ

उसकी माँ को
कहता हूँ माँ
अपनी माँ को दादी
कि आदत सही रहे उसकी

तब भी वह
ईश्वर और मुझे
पुकारता है ले कर नाम

एक बच्चे के पिता हो गये हो तुम
सब कहते
बनो सयाने

पिता! पिता!!
अपने को कहता हूँ
कि वह कुछ ग़लत न कहे

बच्चे के साथ-साथ मुझे भी बड़ा होना है!

साध

पिता होना
एक बच्चे का

उसे कन्धे पर बिठा कर

घुमाना
दिखाना
बताना

और यह सोचना
यह साधना
कि इतने ऊँचे ज़रूर हों
हमसे हमारे बच्चे!

अक्षर

क लिखो
ऐसे!

सिखलाता हूँ लिख कर
उसकी स्लेट पर

ग़लत
ऐसे लिखा जाता है भला
काट देता वह झट से

फिर आप लिखता मिटा कर

इस तरह वर्णमाला में फिर से
पहली बार रचा जाता है क!

जन्मदिन

लिख लो यह दिन कहीं

आज पहचान कर मुसकुराया
आज पहली बार पुकार कर रोया

अंकित कर लो वे सारे क्षण

जब सरका पहली बार
पलटा बैठा डग भर कर किलका

जिस दिन पकड़ना आया
और उठाना
जिस दिन भूलना सीखा
और छुपाना

पहला झूठ पहली चोट पहली गाँठ...

एक नहीं
कई जन्मदिन हैं बच्चे के!

झाँ...

यही सुख है

वह देखता छुपता मुसकुराता

फिर हम भी
इस खेल में शामिल हो जाते
देखते छुपते मुसकुराते

देखते उसका छुपना
छुपते देखे जाने से
फिर मुसकुराते उसकी मुसकुराहट पर

और भूल जाते
कहीं दुख है

देखने के पीछे छुपा हुआ
छुपने के पीछे देखता हुआ

मुसकुराहटों के बीच
इस खेल में अपनी जगह ढूँढ़ता...

कोई नहीं

दरवाज़ा खटखटाया
तो एक बच्चा निकल कर आया

कोई नहीं है
घर में?

फाटक पार से ही
झाँक कर
लड़की ने पूछा

हाँ
अगर मैं
कोई-नहीं!
उत्तर दिया उसने

फिर...

क्या बनना चाहते हो?
पूछता हूँ बच्चे से

बड़ा!

और बड़े हो कर?

फिर...
बच्चा!
कहता खेल में लौटता

बड़प्पन

मेरी बात मानो
बड़ा मैं हूँ...
कहता बच्चे को

—लेकिन ज़िन्दगी तो
मेरी बड़ी है

कर देता वह निरुत्तर

पहुँच

ऊँची है मन्दिर की घण्टी

ऊँचा ऊँचा और ऊँचा
उछल रहा बच्चा
उस तक पहुँचने के लिए

सोचता काश थोड़ा बड़ा होता

बड़ा होता तो वह
ईश्वर की घण्टी बजा देता!

खेल

जो लोरियाँ गाते हैं उनके लिए
बच्चे सुला देते उन्हें

कोई झाँकता
देखता
बेसुध है सुलाने वाला

और उसकी देह पर
खेल रहा है बच्चा!

नव्यतम

सोते समय
बदल लेते हम कपड़े
पहन लेते पुराने

मगर बच्चे
सो जाते ऐसे ही
नयी पोशाक पहने

कई बार तो उनमें
जो अभी
सिले नहीं गये!

ध्यान

बहुत देर से
मेरे आगे
किताब खोले
बैठा है वह तन्मय

हिल नहीं रहा
बोल नहीं रहा

मैं कैसे कहूँ उस बच्चे से
कि उसने जो हाथों में थाम रखी है
वह किताब उलटी है

दृष्टि

नहीं दिखते
तेज़ी से चलते पंखे के डैने
बस कोई चीज़ उछालो उस तरफ़
तो टकरा कर लौट आती

उलटा घूमते लगते
वेग में नाचते पहिये
और पास से गुज़रती भरी गाड़ी
भीतर से पूरी ख़ाली

सच की शक्ल बदल देती
समय को ओझल कर देती रफ़्तार
मेरे बच्चे
तुम्हें देखना है इसके पार...

दीक्षा

सही नोक रखना

चलना
पेंसिल की तरह
जीवन के पन्ने पर
छीजते छीजते भी
सच लिखना

और रबर की तरह
ख़ुद मिट कर भी
मिटाना उसे
जो ग़लत है...

मदद

पाँच साल की उम्र
पीठ पर बस्ता
बस्ते की उम्र उससे अधिक

टुक टुक जा रहा था बच्चा
सड़क को जलतरंग-सा बजाता
कि खुल गया उसके जूते का फीता

माँ ने कहा था राह में
मदद लेना किसी अच्छे आदमी से
वह सीधा गया चौराहे पर
जहाँ लिखा था प्रशासन आपकी सेवा में

सिपाही ने बहुत दिनों से
बाँधा नहीं था किसी बच्चे के जूते का फीता
सो देर लगी उसे

ठिठका रहा तब तक
चारों तरफ़ का यातायात

किसी बच्चे की तरह
मैं चाहता हूँ
ताक़त झुके तो इस तरह
रास्ता रुके तो इस तरह!

रेख

एक पतली बेंत राह पर रगड़ता वह चला
—इन्हें ज़रा बता दूँ रास्ता
ख़बर देता अपने साथियों को

बार-बार मुड़ने वाली गलियाँ थीं तुरत-तुरत
जो क़रीब है वहाँ भी कई बार
पहुँचना होता है कई घुमावों से हो कर

ये रहा!
एक खँडहर के आगे
उसने मुझे छोड़ दिया
एक बूढ़ी चौखट पर

लौटते समय
बहुत याद आयी उस बच्चे की
क्योंकि तय कर आया था जिसे
भूल गया वही राह
बड़ी उलझन खड़ा जकठक

कि दिख गयी
धूल में चमकती
वह लकीर
जो खींचती आयी थी उसकी बेंत
जिस पर उकताता रहा था मैं रास्ते भर...

भूमिका

भरी हुई बाँहों से
हुमक कर चापाकल
पानी भर रही बूढ़ी

डोल लगाये
खड़ा है बच्चा
तेज़ हैं तुम्हारी आँखें
तुम देखना
पानी ठीक तो है
दादी ने उसकी भूमिका बता दी है

नयी नयी आँखें उसकी
पानी से भी साफ़
और हर पानी में होता है कुछ
जो उसे दिख जाता
और वह बता देता

अफ़सोस से भर कर
फिर गिरा देती वह पानी

पानी तभी भरेगा
जब दृश्य बदलेगा
अपनी कच्ची बाँहों से झूल झूल कर
बच्चा चलाएगा चापाकल
और अपनी पकी अनुभवी आँखों से
वह देखेगी पानी

यात्री

अपने नन्हे पैरों में ख़ूब बड़ी चप्पलें पहने
डगमगाता चल रहा बच्चा
जैसे डोंगियों में खड़ा
पैरों में बाँधे भविष्य

कुछ साल बाद की चप्पलें हैं ये
कुछ वक़्त बाद ठीक होंगी
टोकता हूँ
बड़ा भी तो हो रहा मैं
कहता वह अपनी धुन में

बड़ा हो रहा वह सचमुच
देखता हूँ
चढ़ गये हैं उसके कपड़े
कुछ साल पहले के हैं ये....

गत और आगत को एक साथ पहने
किसी की नहीं सुनता
बढ़ रहा वह
समय को धाँगता

वृत्तान्त

घर थोड़ी दूर था
और कुछ रास्ता अभी
कि आसमान का रंग बदल गया
और गिरने लगीं मोटी मोटी बूँदें
रास्ते पर उसके पीछे

आधी सूखी
आधी गीली सड़क
दौड़ने लगा वह
आगे-आगे
बूँदें पीछे-पीछे
जैसे कोई खेल हो छुआ छुई का

वही हवा
धकेल रही थी दोनों को
झड़ी और पास आ रही थी
वह और तेज़-तेज़ बढ़ा रहा था
अपने नन्हे-नन्हे पैर
पार कर रहा था रास्ता

आख़िर एक क़दम पर
कुछ बूँदों ने पकड़ ली उसकी कमीज़
बचने के लिए और और और

भागता फिसलता पहुँचा वह घर
साँसें उखड़ी हुईं
बाल बिखरे कपड़े बेतरतीब

क्या हुआ क्या हुआ
घेर लिया घर बाहर ने
उसकी साँस थी
कि थिर ही नहीं रही थी

थिरी तो
पीछे मुड़ कर देखा
और साँस छोड़ते कहा इतना

—भागा भी
और भीगा भी...!

उपस्थिति

घर में वह करता घर का काम
स्कूल में स्कूल का
अभी जब रास्ते पर है
घर से स्कूल जाने के
सोचता है कर ले रास्ते का कुछ काम

ठोकरें लगाता चल रहा
रास्ते पर पड़े ठीकरे को
ठोकरें खा कर ही कोई इनसान बनता है
उसने पढ़ा है
उसे भरोसा है
सौ ठोकरों के बाद
ठीकरा भी आदमी हो जाएगा
और वह अपने साथ उसे पाठशाला ले जा सकेगा

आगे बढ़ाता उसे
आगे बढ़ रहा वह
हालाँकि डर है इसमें
स्कूल के लिए देर होने का
फिर खड़ा होना पड़ सकता है
पर अच्छा है
अच्छे काम के लिए खड़ा होना

निन्यानवे ठोकरों में

लगभग तय कर चुका रास्ता
वो दिख रहा पाठशाला का दरवाज़ा
दम भर कर पैरों से उछाल देता ठीकरे को
वह पहुँच ही जाता मगर
पहुँचते हुए लग जाता किसी को
ढेला किसने फेंका
जिसे लगा वह घूम कर देखता है
फिर फेंक देता उसे पूरे ज़ोर से

कक्षा चल रही है
और ढेला आसमान में है
बेहतर है उसके लिए जगह बना कर रखी जाये
वह कभी भी आ सकता है
चाहे देरी और हड़बड़ी में
आना उसका गिरने जैसा हो
और आने की अनुमति के बदले
सीधे वह कहे—उपस्थित श्रीमान्!

चूँटी

उसे ले कर नहीं जाता कहीं
तब भी लगा रहता साथ

हाँ हाँ क्यों नहीं
किसी बड़े बलवन्त के आगे
सिर नवाता सिर हिलाता
कि महसूस होती बिसबिसाहट

देखता चुपचाप तमाशा
बैठ जाता रख कर हाथ पर हाथ
देर से लौटता झूठ बोलता घर में
छिप कर कुछ करता
कि हरकत में आ जातीं उसकी उँगलियाँ

सौदा तय हो चुका
अब देर किस बात की
हैरत में हैं सब हाथ क्यों नहीं बढ़ाता आख़िर
यह मैं क्या कर रहा

वे शायद देख नहीं पा रहे
मेरे साथ एक बच्चा है
जो मुझे चूँटी काट रहा है...

चलन

भरे हुए शामियाने में
पहुँचता है कोई बड़ा पहुँचा हुआ
और एक बच्चे को उठना पड़ता है

वे सब शरीक इसमें
जिनकी आँखें पक गयी हैं

उठना उन्हें चाहिए
उठना उन्हें होगा
जिन्होंने देख ली दुनिया
जो कर चुके तमाशा

बच्चों को हटा कर यहाँ
बनायी जा रही जगह

यह उलटा क़ायदा है
पर यही चलता है

इस तरह लेकिन
कब तक चलेगी दुनिया?

नाख़ून

नींद में है बच्चा
और मैं काट रहा हूँ उसके नाख़ून

जागे में तो काटने नहीं देता
और ख़राश लेता अपना ही मुँह नाक कान

घूम-घूम कर घरों के दरवाज़ों पर
हौले से बजाता हूँ नोहरनी
यही काम है मेरा
नहीं तो बैठकी
नाख़ून चबाते घर में मेरे बच्चे

पेट पल जाता
अगर कुछ बड़े ग्राहक मिलते
लेकिन बड़ों को फ़ुर्सत ही नहीं
घरनी कहती राजा से मिलूँ
पर राजा एक-दूसरे से मिलने में रहते व्यस्त
और बढ़ाते रहते एक-दूसरे के लिए नाख़ून

कोई दूसरा काम कर सकता था
जैसे सजा सकता था बढ़े हुए नाख़ून
चमकीले रंगों से रँग सकता था
पर मुझसे यह नहीं होता

मर जाऊँ लेकिन
वह नहीं कर सकता जो नहीं चाहता

बावला हूँ सब कहते हैं
जो कर रहा पुरखों का यह काम
ऐसा काम कि दे भी नहीं सकता
गलियों में आवाज़ लगाते हुए फेरे
उठ जाएँगे सोये बच्चे

रातों में भी घूमता हूँ
और मौक़ा ढूँढ़ता हूँ

नींद में
काट रहा हूँ एक बच्चे के नाख़ून

इस दुनिया के नाख़ून भी
बहुत बढ़ गये हैं
लेकिन इसे नींद कहाँ!

रास्ता

पुस्तकालय जाता है बच्चा
और सिर उठा कर
देखता रह जाता
पुस्तकों का आगार

गर्भ से ही पढ़ना शुरू कर देना चाहिए था
उसे अफ़सोस होता है

हिसाब लगाता वह
जितने समय जागा रहता
और ठहरा हुआ
उतने में
कितना पढ़ पाएगा
बहुत छूट जाएगा
बहुत कुछ रह जाएगा
नींद में भी पढ़ना होगा
और चलते हुए
सोचता हुआ बाहर निकलता है...

सपने में पढ़ना शुरू करे बच्चा
और तब तक हम उसके लिए
निकालें कोई रास्ता
जिस पर पढ़ते हुए चलने में
न हो कोई हादसा

दोना

चने तुम खाते हो दादा?
—नहीं
—तो इन्हें रखना ज़रा
अभी आता हूँ...

गया वह
मेरे हाथ में धर कर दोना
मेरी निर्दन्त मुस्कान से आश्वस्त
कि चने उसके सुरक्षित रहेंगे मेरे पास

तब से
अपनी डूबती आँखों में सँजोये रोशनी
उभरी नसों वाली हथेलियों में
चने का दोना लिये
जैसे जीवन का दोना

प्रतीक्षा कर रहा हूँ
उसे सौंपने के लिए...

छकना

स्थावर हो गये हैं बाबा

ले लेता है बच्चा
सिरहाने से उनके कोई चीज़
चुनौटी चश्मा या अँगोछा
उठते वे सँभालते छड़ी

भागता नहीं वह
किलकता घूमता
वहीं-वहीं गोल-गोल
उनकी छड़ी की पहुँच के कुछ परे
दिखाता उठाई हुई चीज़

अगर और कई तरह की मौतों से
बच सके
तो कोई बच्चा
हमें भी छकाएगा इस तरह

मरेंगे
बच्चों से
ख़ूब छक कर!

हाथ

कहीं भी जाऊँ
छू लेता है
एक अजाना बच्चा

दुनिया सचमुच
एक बच्चे के हाथ से
कितनी छोटी है!

किरण

जब सब छुप जाता
जब सब हार जाते
कहीं से उम्मीद की एक किरण
सहसा दिखती
धुन्ध के पार

जैसे कोई दूधपीता
हँसता आँचल उघार!

आश्वस्ति

नन्ही उँगलियों से
थाम रखा है उसने स्तन
और शिखर से लगे हैं उसके होंठ

आँखें मुँदी हुई
निश्छल और पवित्र

यह महक
जीवन के अहसास से भरती

मैं देख रहा हूँ
माँ की छाती से लग कर
सोये उस बच्चे को
और आश्वस्त हो कर
कह देना चाहता हूँ सबको

अभी इस वक़्त
हर ओर से हर तरह से
सुरक्षित है पृथ्वी...

अनिर्वच

देखो
पयोधरों पर शिशु अधर

देखो
सुनो
महसूस करो

अपलक
चुपचाप

इससे बड़ी कविता
अभी तक रची नहीं गयी!

देखना

छत पर पसरा हुआ है गेहूँ
देखने के लिए
भेजा है माँ ने

आ कर देखता वह
मन्त्र मोहित-सा

सबसे सुन्दर है इस दुनिया में

दोनों हाथों में उठा कर दाना
गिलहरी का खाना...

सोच

गर्मी की दोपहर
सड़क पर
नंग निहंग बच्चा
सस्ती बरफ़मलाई चूसता

नाक सुड़कता बीच-बीच में
पिघलती बर्फ़ को ओड़ता
धारियाँ कोहनियों से हो कर
जाती जहाँ-तहाँ

सारे साज बाज छिटक जाते
और लगता जैसे
दोपहर की सड़क पर
उसी बच्चे की तरह खड़े हैं हम
हाथ में लिये एक कुल्फ़ी
पिघलती टपकती हुई

यह सोचते
कि जो पिघल गया है उसे बचाएँ
या जो पिघल जाएगा तब तक...

उत्तरदायित्व

जाने को होता हूँ तैयार
तो एक बच्चा
मेरे बोझ के लिए
झुका देता सिर

शुरू से देखा उसने
छोटे ले लेते बड़ों के हाथ का सामान
चलते वक़्त

यह भी तो हो सकता है
रुकते हुए बढ़ते हुए
जीवन भर आख़िरी मंज़िल तक
अपनी गठरी हम ख़ुद उठाएँ
और बच्चा चले खुले हाथ
राह दिखाये

यह है उनका उत्तराधिकार
कि बच्चों को उत्तरदायित्व दें हम
न कि भार

विस्मृति

उस फूल का नाम क्या है
इस चिड़िया का नाम
इस नदी का...?

रास्ता चलते पूछता है बच्चा
और सिर झुका लेता
कि उसने हमें परेशान किया

उसे न कह पाने पर
जो हमारे भीतर जागता है
उस अहसास का नाम क्या है?

आपबीती

शरारतें ढेरों करना चाहते थे हम

जीवन के भव्य विराट ख़ज़ाने से
क्या क्या लेना छूना देखना

कि सधे अभिभावक की तरह
समय ने चुपके से
खींच लिया हमारा कमरबन्द

और फिर दोनों हमारे हाथ
बझे रहे सारे समय
अपना बहता निकर सँभालने में!

काल

कीचर काचर करते
निकलते हैं
मरे हुए सपने

जीभी के साथ
उतरती एक परत झूठ

केश सँवारता उसके
तो कंघी में आ जाता
पका हुआ बाल

ईश्वर!
बैठ जाता
पकड़ कर सिर

अब एक रोज़ में
इससे अधिक
क्या पड़ेगा काल

आवाज़

कुछ ज़रूरी कर रहा होता हूँ
कि पास से आती है
किसी बच्चे के रोने की आवाज़

बच्चे का रोना
ज़िन्दगी का होना है

यह रुलाई
परेशान नहीं करती मुझे

मैं तो उस दिन को सोच कर
होता परेशान
जब कहीं से नहीं आएगी
किसी बच्चे के रोने की आवाज़...

छाप

ज़रा-सी हरकत और सब्र का बाँध टूटता

कोमल चेहरे पर
उभर आतीं पाँचों उँगलियाँ

यह सब उसी के लिए...
ख़ुद को समझाने की कोशिश करते

पर इस तरह हम
गढ़ क्या रहे
आदमी या उपले?

अच्छा कुम्भकार कब छोड़ता
मिट्टी पर अपनी उँगलियों के निशान

हासिल

ढेरों चित्र हैं
ख़ूब जगमगाहट चारों तरफ़
तरह-तरह के खिलौने

अनगिन पहियों पर यह बचपन
लेकिन पंखहीन

सजीली पोशाकें इन्हें हासिल
नुकीली लेखनियाँ
अनूठे स्वाद

नये-नये
थैले जूते बस्ते
नयी थिरकनें नये धमाके नये तमाशे

मगर कहानियाँ नहीं!

अकेला बच्चा

ख़ुद कथा कहता
ख़ुद भरता हुंकारी

ग़लती करता
ख़ुद को डाँटता

अपने पाँव दबाता
रोता अपने को चुप कराता

अकसर इस तरह
अकेला रह जाता
और इससे भी ख़तरनाक कि अब
अकेला
रह लेता है
बच्चा

इस तरफ़ से चल कर जाता उधर
खेलता दोनों ओर से
बिछाता बिछौना
दोनों छोर से...!

काठ का घर

काठ का एक घर है

घर के भीतर
ब्रश झाड़न
कपड़े के टुकड़े डिब्बियाँ

बारजे पर
मुँडेर से लगी
रंग-बिरंगी शीशियाँ

घर को टहनी-सी बाँह में उठाये
घूमता बच्चा

आते-जाते हर किसी को
उम्मीद से देखता
जिसके पाँवों में है जूता

कोई मैला जूता
इस घर की सबसे ऊँची छत पर
टिकेगा

फिर घर चलेगा...

पानी भरने वाला अन्धा लड़का

बड़ी ख़ूबी बड़ी बारीकी से
पहचानता है वह
नल के खुलने
बरतन में पानी पड़ने
और उमग कर छलक कर गिरने
की अलग-अलग आहटें

पानी
रोशनी बन कर रहता है
उसकी आँखों में
इस रोशनी को छूना चाहता वह
कहीं और
यही डोर दिन भर
खींचती रहती उसे
और वह भरता रहता
करता रहता
पानी के फेरे

नींद में भी उसे
महसूस होता अकसर
एक भरे पात्र का छलकना
अपनी पलकों पर

और एक आवाज़ की तरह
दिखाई देता पानी का सपना!

बिम्ब

चलती सड़क के
जलते फुटपाथ पर

सोया हुआ बच्चा
और उसके नंगे पेट पर
पेट के ही बराबर
जस्ते का कटोरा
धीमी साँस के साथ
उठता–बैठता

पेट पर कटोरा
यह बिम्ब कैसा!

क्या उसकी नींद अपनी है?
ख़ुद वह किसका है?
और कब से इस तरह सोया है?

इतना तो तय है
यह कटोरा
उसने अपने पेट पर नहीं रखा

ऋण

खिड़की से बाहर
देख रहा था छूटते प्लेटफॉर्म को
धीरे-धीरे कुतरते हुए सेब

कि वह प्रकट हुई
दे दे दे दे...
मैले फ्राक रुखे बालों वाली लड़की
सरकती रेल से लगी दौड़ती
हाथ बढ़ाये
दे दे रे दे दे...

असमंजस में पड़ गया एक ही था सेब
ख़याल था उसके जूठा होने का भी
उम्मीद थी गाड़ी बढ़ी तो वो रुक जाएगी
लेकिन वो दौड़ती रही सलाख़ें पकड़े

—कितना खाता है रे तू!
इस तरह कहा उसने

और लगा एक अजाना ऋण है जैसे सिर पर
आज यह कुतरा हुआ सेब उसे नहीं मिला
तो कल देनी होगी बदले में पूरी पृथ्वी!

सच का अंगार

नहीं-नहीं झूठ है यह
कोई चोरी नहीं की मैंने
गिड़गिड़ाता है बच्चा

ठीक है
फ़ैसला हो जाएगा
वे ले आते
सच का अंगार

आठ-दस साल का लड़का
उठाएगा बरसों पुरानी यह आग
वह सच्चा है तो
नहीं जलेगी उसकी हथेली

चलो बात ख़त्म करते हैं
चलो मान लेते हैं
और यह अंगार देख कर
बच्चा भी मान लेगा
कि वह झूठा है

लेकिन सच्चे आदमी
तुमने इसे
चिमटे से क्यों पकड़ रखा है?

मत

अगर उसे होता
इस दुनिया पर
मत देने का अधिकार

तो ख़ुद को तह कर
डाल लेता
वापस उसी गर्भ में

महक

अब जो चूमता हूँ उसे
होठों से नहीं लगती
कच्चे दूध की महक

अब वहाँ
अकसर मिलती है
बारूद की महक

बावनवीर

मुखौटा मढ़े
नाच रहा बच्चा

हेलमेट चढ़ाये
भाग रहा पहियों पर

डरा रहा सबको
चेहरे पर काली पट्टी बाँधे

गैस मास्क लगाये
बैठा एक कोने

यह क्या हो गया है इस दौर के बच्चों को

बच्चे तो लगते सबसे अच्छे
सर्दियों की धूप में
बन्दरटोप पहने !

सरकस

हाथी ने खेल कर दिखाया क्रिकेट
तोते ने चलायी तोप
आख़िरी चीता चला
तनी हुई रस्सी पर
बन्दर ने खींचा रिक्शा

लुप्त होते पक्षियों ने
खायी आकाश में कलाबाज़ी
और अन्त में
कुछ आदमियों ने
कर के दिखाया प्रेम

बच्चों से कहा गया वे बजाएँ ताली

ख़याल

स्रष्टा कितना
अकेला
हो गया होगा
मेरे आने के बाद

वह कितना
अजाना रह जाता
जो मैं
न आता!

आग

हैरान है बच्चा
यह जान कर
कभी लोगों को
मालूम नहीं था
आग के बारे में

हैरान है वह
क्या उस वक़्त
कोई प्रेम नहीं करता था?

बच्चा हैरान नहीं होगा
जब कुछ और जानेगा
कि आग चारों ओर फैली है
और लोग प्रेम नहीं करते
अब भी!

आगम

बहुत कोमल है बच्चे का माथा
भौराये नन्हे बाल कोमल बहुत कोमल

सहलाती थपकाती उसे
आँखें भरम रहीं उसकी

जब यह करेगा प्रेम
ऐसी नहीं होगी दुनिया

तब
कैसी होगी दुनिया...?

देखती खोल कर
अपनी हथेली पर
उसकी नन्ही हथेली

चिहुँक कर लग जाता
बच्चा उसकी छाती से

दूधकट्टी

नहीं तो बड़ा नहीं हो पाता
बढ़ नहीं पाता इस दुनिया में

अपने सीने पर
लगाया उसने तीखा लेप

प्यार
इस तरह छुड़ाया
मुझसे

जैसे माँ
होश सँभालते बच्चे से
छुड़ाती है दूध!

भेंद

जैसे लाज़िम है
पहुँचे पण्डित के लिए
बूढ़ा दिखना

एक कवि को
बार-बार
होना होता है
बच्चा

सार्थक

जिस पर थी कविता
बच्चा उस काग़ज़ से बना रहा
कोई नाव या हवाई जहाज

सोचता हूँ
दौड़ कर छीन लूँ
बचा लूँ उस कविता को
मगर रुक जाता

सोचता हूँ
इस तरह ही शायद
वह ज़्यादा दूर जाएगी...

रेत पर बच्चा

टोको नहीं
देखो अलग से
दूर से

ईश्वर लगता
तन्मय कुछ गढ़ता बनाता

फिर आदमी
अपने घरौंदे को
हँसता ढहाता...

नज़र

देखने की नज़र लगती है
न देखने की भी

यह पृथ्वी इतनी थकी क्यों लग रही
जलता हुआ चाँद
यह सूरज क्यों है इतना फीका

उठूँ
लगा दूँ इनके माथे पर
बच्चे की आँखों का
काजल टीका

अन्त से शुरुआत

सौ के बाद
फिर शुरू हो जाएगी न
गिनती एक से...
पूछता है वह

क्या सोच रहे हो?

हाँ...
कहता हूँ धीरे से

एक हाँ में
इतनी देर!

माफ़ करना मेरे बच्चे

माफ़ करें सारे बच्चे सभी गुरुजनों को

चित्र–पुस्तिका से

धुएँ न धूल न ध्वंस के

यही मेघ रहें तैरते आकाश में
ख़रगोश कभी भेड़ कभी हाथी जैसे
पक्षियों योगियों बच्चों की तरह दिखते
यही मेघ रहें सावन के

झुलसाने दम घोंटने तेज़ाब बरसाने वाले नहीं
छाँव पानी सतरंग वाले
गीत फ़सल उमंग वाले

इन्हीं के हाथ रखें हम कल की चिट्ठी
यही बादल रहें हमेशा भीतर बाहर

भय न संशय न अनिश्चय के...

सूर्योदय की प्रतीक्षा में खड़े बच्चे

मुँह अँधेरे उठ कर एक साथ
खड़े हैं वे सूर्य की अगवानी में

और दिन तो दिन चढ़ आता था
और कोई आकर उन्हें जगाता था
आज समय से पहले
जग गये बच्चे
या सूर्य के उगने में ही
हो रही देर

घड़ी देखना चाहता हूँ
पर घड़ी नहीं है मेरे हाथ में
सारी घड़ियाँ ख़राब हो गयी हैं दुनिया की

धुन्ध है धुआँ है आकाश में

सब बड़े-बूढ़ों को छोड़ कर पीछे
आज वे चले आये हैं आगे
और सिर्फ़ खड़े नहीं सूर्योदय की प्रतीक्षा में

रच रहे हैं सूर्य
बचे हुए पन्नों पर पेड़ों पर धरती पर

कुछ बच्चे उठ कर रँग रहे
आकाश को सूर्योदय के रंग में

वही बचाएँगे
बचे हुए से बनाएँगे
फिर से दुनिया

सब कुछ ख़त्म होने के बाद बचे हुए बच्चे!

दिन

पृथ्वी की तरह उभरे गर्भ को
छू-छू कर
हँस रहा था बच्चा

अब तो दिन हुए पूरे...

शेष

छोड़ दो
पेड़ों पर कुछ फल
पथिक पाखियों के लिए

छोड़ दो
कुछ दूध थनों में
बछड़ों के लिए

छोड़ दो
जीवन
शेष
इस पृथ्वी पर
नवागन्तुकों के लिए...

धरोहर

इतना
सह कर भी
है
पृथ्वी
औरत की छाती है

पृथ्वी हमारे पास
बच्चों की
थाती है

कोई नया समाचार

कोई नया समाचार!
झुक कर पूछती शाख़

कोई नया समाचार!
रुक कर पूछती हवा

कोई नया समाचार
पूछती चिड़िया रोयें फुला कर

पूछते खेत पूछते पहाड़
पूछतीं नदियाँ पूछते समुद्र

हर नवेली से हर उर्वरा से

कोई नया समाचार!
कोई नया समाचार!!

कैसा यह चक्कर
कैसी ऊब...?
पूछती पास आ कर बदली
और प्रतीक्षा करती
उसके झुकने गड़ने शरमाने की

कोई नया समाचार...
पूछती हर धड़कन हर साँस
बड़ी उम्मीद से

बच्चा है सृष्टि का अकेला
नया समाचार

सबसे शुभ सबसे पहला सबसे नया

बहुत दिनों से
आयी नहीं कोई प्यार भरी चिट्ठी
बहुत दिनों से दुनिया का सब कुछ
ढूँढ़ रहा एक बच्चे की मुट्ठी

□□